はじめに

政治なんて縁遠いものだと思っていませんか？
ですが、小中学生のあなたも消費税を払っていますから、
すでに立派な社会の一員です。
また、公立小学校・中学校の学費を払わなくていいのも、
教科書が無料なのも、
すべて社会全体で支え合う仕組みがあるからです。

世界に目を向けると、
高校生が政治の話をするのは当たり前です。
日本でも選挙権年齢が18歳になって、
ようやく世界に追いつきました。
政治は自分たちには無関係だなんて思わずに、
この本をきっかけに政治に関心を抱き、
学びを深めていってくれることを願っています。

2016年9月

ジャーナリスト　池上彰

12歳からの政治

いちばん身近な裁判の話

Gakken

池上彰さんと学ぶ

12歳からの政治 ④
いちばん身近な裁判の話

もくじ

- 04 池上彰さんにインタビュー **裁判とは？**
- 06 この本の使い方

第1章 裁判所

STEP1｜導入編
- 08 だれかけんかをやめさせて！

STEP2｜実践編
- 10 けんかを解決するのに先生を呼ぶのはずるくない!?

STEP3｜解説編
- 12 ● 裁判所ってどんなところ？
- 13 ● 5種類の裁判所
- 14 ● 裁判に関わる人々

第2章 三審制

STEP1｜導入編
- 16 ぼくは本当にやってない!!

STEP2｜実践編
- 18 もし本が見つからなかったら、ぼくはどうなっていたのかな？

STEP3｜解説編
- 20 ● 慎重に裁くためのしくみって？
- 21 ● 裁判所だけが持つ権力がある？
- 22 ● 裁判はだれでも見られる

第3章 民事裁判と刑事裁判

STEP1｜導入編
- 24 自転車で歩行者と衝突！

STEP2｜実践編
- 26 本当に訴えられたらどうしたらいいの？

STEP3｜解説編
- 28 ● 個人や企業が争う民事裁判
- 29 ● 犯罪行為を裁く刑事裁判
- 30 ● 裁判では人権が守られる

第4章

裁判員制度

STEP1｜導入編

32 お兄ちゃんが裁判員に！？

STEP2｜実践編

34 裁判員なんてぼくにできるのかな？

STEP3｜解説編

36 ● 裁判員制度って何？
37 ● 裁判員裁判を体験しよう

第5章

三権分立

STEP1｜導入編

40 マンガが読めない国ができたって！？

STEP2｜実践編

42 どうしてこんなに勝手な政治ができちゃうの！？

STEP3｜解説編

44 ● 三権分立ってどんなしくみ？
45 ● 裁判所の違憲審査権って何？

38 **コラム** わたしの国の裁判官

46 さくいん
47 教科書対応表

池上先生にインタビュー
裁判所とは？

裁判所ってどんなところ？　裁判員制度ってどういうもの？
池上先生にお話を聞いてみましょう。

 裁判所は何をするためにあるのですか？

[当事者同士で解決できないさまざまな争いや犯罪を解決に導くためです]

もし家族や友だちが争いごとに巻きこまれたり、傷つけられたりしてしまったら、みなさんはどう考えるでしょうか？「やられたら、やり返す」というのではお互いに傷つくだけですし、きりがありません。かといって、悪いことをしていないのにそのまま引き下がるのは悔しいし、悲しいですよね。

このように、自分たちだけでは解決できない問題が起きたとき、国として間に入って解決に導くのが、裁判所の仕事です。当事者同士の話し合いでは、立場の弱いほうが不満に思いながらも権利をあきらめてしまうこともあるかもしれません。そうならないために、裁判所は客観的な立場で物事を判断してくれるのです。

「裁判を受ける権利」は日本国憲法で保障されている、基本的人権のひとつでもあります。ですから、もしあなたに自分たちで解決できない問題が起きたときは、裁判所に判断してもらえばいいのですよ。

 司法権の独立はどうして必要なのですか？

[憲法と法律にもとづき公正・公平な裁判を行うためです]

裁判所が下す結論（判決）は、関わった人々の人生に大きな影響を与えることがあります。ですから、裁判は憲法や法律にもとづいて公正に行われなければいけません。裁判官が判決を下すときに、政府や議会、その他あらゆる人から干渉されることがあってはならないのです。これを、「司法権の独立」といいます。

もし、裁判官がだれかの命令どおりに判決を下すとしたら、どうなると思いますか？形だけの裁判となって、権力のある人の意見が何でも通る世の中になってしまいます。

日本に「司法権の独立」という意識が広まったのは、1891年（明治24年）に起きた「大津事件」がきっかけといわれています。日本を訪れていたロシアの皇太子が、滋賀県滋賀郡大津町（現在の大津市）で、警備にあたっていた日本人に斬りつけられ、けがを負った事件です。

ロシアからし返しされることを恐れた日本政府の人たちは、犯人の日本人を死刑にするように裁判所に働きかけました。しかし、日本の裁判所は「日本の法律では、けがをさせただけで死刑にはできない」という立場をつらぬき、死刑ではなく、無期懲役（一生にわたって刑を負う、死刑の次に重い刑罰）の判決を下しました。これにより、日本がどんなときでも法律を重視する近代国家であると、世界が認めるようになりました。

一方、現代においても司法権が独立していない国はあります。こうした国では、裁判官は国に指示された通りの判決を下すしかないので、公正な審判ができません。そのため、国民の不満がどんどんたまっていくのです。

裁判員制度はなぜ必要？選ばれたら、どんな準備をすればいいですか？

[国民の一般的な視点を反映させるためです
ありのままで臨みましょう]

日本は三権分立といって、国の政治を進める役割を3つに分けています。一つめが法律をつくる「立法」。二つめが政治を行う「行政」。三つめが争いごとを解決する「司法」です。立法は国会、行政は内閣、司法は裁判所が担当しています。

このうち国会と内閣については、選挙という方法で、国民が間接的に関わっています。国民による選挙で国会議員が選ばれ、その国会議員の中から内閣総理大臣が選ばれるしくみになっているからです。ところが裁判所だけは、国民が関わる機会があまりありませんでした。

国民が最高裁判所の裁判官を適任かどうか審査する「国民審査」という制度もありますが、これは裁判そのものに国民が関われるわけではありません。

そこで、国民から選ばれた裁判員が裁判に参加して、国民の視点や感覚を反映させることができる「裁判員制度」が取り入れられたのです。

裁判で判決を下す裁判官は、大学で一所懸命勉強し、司法試験に合格した法律の専門家です。しかし見方を変えると、裁判官の中にはわたしたち一般市民とは少し違った生活を送っている人たちもいるといえます。そこで、国民の一般的な意見が求められているのです。

実際に、裁判員制度が導入されてから、裁判の判決が重くなったといわれています。このことは、裁判官が考える罪の重さと、一般市民の考える罪の重さに差がある、ということを表しているのではないでしょうか。

ですから、もし裁判員に選ばれたとしても、難しく考えることはありません。法律や裁判の知識はむしろ必要ないですし、過去の裁判のデータなど、必要なことは裁判官が教えてくれます。ありのままの自分で参加することが何より大切なのです。

この本を読んでくれるあなたへ一言

「裁判」と聞いてもピンとこない人も多いかもしれません。しかし裁判は決して、あなたと無関係なことではないのです。ある日突然、家族や知り合いがトラブルに巻き込まれたり、訴えられてしまうかもしれません。あるいは学校からの帰り道、たまたま「事件」を目撃したことで、みなさんが証人として裁判に呼ばれる可能性もあります。

裁判について知っておくことは、いざというときに家族や自分を守ることにつながるのです。

★ この本の使い方 ★

一緒に学んでいきましょう！

この本では、政治に関するテーマを身近な例で勉強できます。
①導入編→②実践編→③解説編の3ステップで、楽しく政治を学びましょう！

STEP 1 マンガで興味を持つ

各章の始めは導入のマンガページ。日常に起こりそうなストーリーで、興味がわきます。

自分にも起こりうる例だから、身近に感じる！

登場人物の疑問で、問題意識が生まれる！

STEP 2 実践編で考える

さまざまな人の視点で、マンガの中の争点を振り返るページ。自然と自分の意見が持てるようになります。

教室での議論のようで、考えが深まる！

★のマークをたどると、解説編とのつながりがわかる！

「池上先生のまとめ」で、政治の話とつながる！

STEP 3 解説編で知る・わかる

各章のテーマを解説し、学びを深めるページ。マンガであつかった内容なので、スラスラ頭に入ってきます。

図解や写真が豊富だから、読みやすい！

教科書にそった解説で、しっかり学べる！

さあ始めよう！

〈第1章〉裁判所

この章のポイント
裁判というしくみがあることで、わたしたちの生活はどのように守られているのか学びましょう

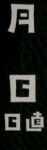

| 導入編 |

だれかけんかをやめさせて！

二人の生徒が言い争いを始めました。
けんかを止めようとした生徒が、先生を呼びに行きますが…。

| 実践編 |

だれかけんかをやめさせて！

論点

けんかを解決するのに先生を呼ぶのはずるくない!?

けんかは自分たちだけで解決できた！

けんかは自分たちの問題で、先生には関係ないと思います。もう少し時間があれば自分たちで解決できたかもしれない。それなのにどうして先生を呼ぶ必要があったのか、理解できません。

けんかをしていた生徒

▲先生を呼びに行こうとする生徒に対し、おこってどなります。

公平に見てくれる人を呼ぶべき！

わたしには止められなかったけれど、先生は生徒を公平な立場で見てくれるから、冷静に解決してくれると思いました。だからわたしは先生を呼びに行ったんです。

◀けんかをやめさせようと、あわてて先生を呼びに行きます。

先生を呼びに行った生徒

1 裁判所
2 三審制
3 民事裁判・刑事裁判
4 裁判員制度
5 三権分立

けんかをしていた生徒

先生がなだめてくれて助かった

　先生を呼びに行くと言われたときは、カッとなっていて必要ないと思ったけれど、実際に先生が来てくれたらすぐにけんかがおさまったから、ぼくはよかったと思います。

生徒A

ずっとけんかをしていたらみんなが迷惑だ

　時間があれば自分たちで解決できたかもしれないけど、ずっと言い争いを続けていたら、まわりの生徒たちにとっても迷惑です。早くけんかを止めることができる先生を呼んだことは、正しいと思います。

▶ 先生のおかげで、生徒二人はいったんけんかをおさめることができました。

生徒B

先生に頼ってばかりじゃダメだと思う

　自分たちの問題は、自分たちで解決するべきだと思います。たまたま学校には先生がいるけれど、公平に仲をとりもってくれる人がだれもいない場合は、どうするのでしょうか。

先生

話し合いの場をつくるのは大切です

　冷静になって話し合えば、スムーズに仲直りできることもあります。そのためには、第三者が間に入ることも必要です。必ずしも自分たちでけんかを解決しなくてもよいと思いますよ。

▶ 話を聞くと言ってなだめました。

池上先生のまとめ

　このように争いが当人同士では解決できなくなったとき、法律などにもとづいて公平に解決（裁判）してくれるところが裁判所です。わたしたちは、だれでも裁判所で裁判を受ける権利を持っています。

| 解説編 |

裁判所ってどんなところ？

裁判所は、三権のうち司法を担当します。どんなところなのでしょう。

裁判所って何のためにあるの？

わたしたちは社会の中で、たくさんの人たちと共同で生活しています。そのためにはきまりが必要で、そのようなきまりの一つに法があります。争いごとや犯罪が起こったとき、法にしたがって解決することを司法（裁判）といいます。この司法の仕事を担当する機関が裁判所です。

裁判はどんなところで行われるの？

裁判は、裁判所の法廷で行われます。法廷の正面には裁判官→14ページが、左右には検察官→14ページ、弁護士→14ページが座ります。
裁判官が着る服（法服）の色は黒です。黒は「何色にも染まらない」色で、これは裁判官の公正中立な立場を表わしています。

見学に行くと、模擬裁判や法服の試着をさせてもらえる日もあります。

▲地方裁判所の法廷。

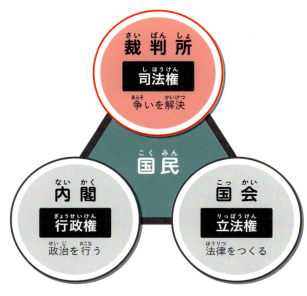

▲国の権力は「立法」「行政」「司法」と3つに分かれています。裁判所は「司法」を担当し、国会でつくられた法律や内閣でつくられたきまりが、憲法に違反していないかどうかを判断します。

裁判所にはだれでも入れるの？

法廷で行われる裁判は、だれでも見る（傍聴する）ことができます（ただし家庭裁判所で行われる裁判はプライバシー保護のため、傍聴することはできません）。
事前の申し込みは必要ありませんが、事前に当日の裁判を確認し、どれを見るか決めておきましょう。希望者が多く、抽選が必要な裁判もあります。
傍聴するときは静かに聞くようにしましょう。メモはとれますが、写真撮影をしたり、録音したりすることは禁止されています。

くわしく　**裁判官**：裁判所で裁判を行う人。最高裁判所の長官は内閣が指名し、天皇が任命します。

5種類の裁判所

最高裁判所は、東京都に1か所だけ、4種類の下級裁判所は、全国に合計546か所あります。

最高裁判所

全国に1か所のみ、東京都に置かれています。すべての裁判の最終的な判断を下す裁判所です。

大法廷は15人の裁判官がずらっと並んで座ります。ここは音がひびかないつくりになっていて、おごそかな雰囲気です。

▲大法廷。

下級裁判所

高等裁判所
全国に8か所置かれ、下級裁判所の中の最上位の裁判所。地方裁判所や家庭裁判所などから控訴→20ページされた事件をあつかいます。

地方裁判所
全国に50か所置かれ、主に第一審→20ページと、簡易裁判所から控訴された民事裁判→28ページを行います。

家庭裁判所
全国に50か所置かれ、家庭事件や少年事件をあつかいます。裁判を見る(傍聴する)ことは、原則的に禁止されています。

簡易裁判所
全国に438か所あります。請求額が140万円以下の民事裁判→28ページと罰金以下の刑罰に当たる罪の刑事裁判→29ページを行います。

なぜ裁判所が5種類もあるの?

裁判所は、**最高裁判所**と**下級裁判所**に分かれています。下級裁判所には、**高等裁判所**、**地方裁判所**、**家庭裁判所**、**簡易裁判所**の4種類があり、事件や内容によってどこで行われるかが決まります。

日本では、一つの事件について3回まで裁判を受けられる**三審制**→20ページのしくみがとられ、地方裁判所、家庭裁判所、簡易裁判所では主に第一審、高等裁判所では第二審を行います。

▲東京都千代田区にある最高裁判所の外観。
◀大阪府大阪市にある大阪高等裁判所。

> **くわしく** **終審裁判所**:最高裁判所のこと。裁判において最終的な判断を下すことから、終審裁判所といわれる。

| 解説編 |

裁判に関わる人々

裁判にはどのような人が関わり、どのような役割を担っているのでしょう。

裁判官
裁判で訴えを裁く人。当事者や弁護人の話をよく聞き、憲法と法律、そして自分の良心に従って判決を下します。

検察官
刑事裁判で、罪を犯した疑いのある人（被疑者）を裁判所に訴える役割。警察と協力して証拠を集め、罪を犯した疑いが明確で、刑罰を与えた方がよいと判断した場合に訴えます。

弁護士
依頼人の人権を守るため、法律の専門家として支援します。刑事裁判では被告人（→29ページ）を、民事裁判では、訴えた人や訴えられた人を助けて、それぞれの利益を守るように活動します。

裁判に関するQ&A

 裁判官になるのは難しいの？

A 司法試験に合格する必要があります。

裁判官になるには、法律の勉強をし、法科大学院を修了するなどして受験資格を得た後、司法試験に合格しなければなりません。合格率は20％ほど（10人に約2人）で、大変難しい試験です。検察官や弁護士を目指す場合も同じ司法試験を受けます。

 裁判はどれくらいのお金がかかるの？

A 裁判の大きさや判決によって違います。

民事裁判の多くは、5000円ほどで起こすことができます。このほかに、弁護士を頼んだ場合の費用や、裁判で負けて賠償金を求められた場合の支払いなどがあります。

左側タブ:
1. 裁判所
2. 三審制
3. 民事裁判・刑事裁判
4. 裁判員制度
5. 三権分立

〈第2章〉三審制

この章のポイント
人が人を裁くときは、慎重な審査が必要です。裁判にはどのようなしくみがあるのでしょう

| 導入編 |

ぼくは本当にやってない!!

みんなで家で遊んでいたら、けんすけのマンガがなくなった！
マンガを読んでいたしょうたが疑われ始めて…。

もし本が見つからなかったら、ぼくはどうなっていたのかな？

考えてみよう！

| 実践編 |

ぼくは本当にやってない!!

論点

もし本が見つからなかったら、ぼくはどうなっていたのかな？

証拠もないのに、犯人あつかいはひどい… ★考えてみよう！①

しょうた

確かにけんすけのマンガを読んだし、5巻はほしいと言ったけれど、それだけで疑われて、びっくりしました。本当に犯人にされていたらと思うと、とても怖いです。

▲お姉さんが持っていったところを見ていたたくみの発言で、疑いははれました。

しょうたがあやしかったのは本当だもん！

▲マンガがないことに気づき、まっさきにしょうたの顔を思い浮かべたけんすけ。

マンガを読んでいたのはしょうただけだったので、あやしいと思いました。しかも「ほしい」と話してたみたいだし、だれだって疑ってしまうと思います。

けんすけ

あつし

ぼくは見たことを言っただけだよ

ぼくは、けんすけに聞かれたので、見たことを言っただけです。しょうたが疑われたのは、まぎらわしい行動をしていたからで、ぼくのせいじゃないと思います。

たくみ

しょうたへの疑いがはれてよかったな

みんながしょうたのことを疑っていて、驚きました。ぼくはお姉さんがマンガを持って行ったのを知っていたから、しょうたの無実を証明できてよかったです。

最新巻は持ってないからほしいんだよねー

▶ しょうたがマンガをほしがっているのを聞いていたあつし。

生徒A

決めつけずにもっときちんと調べるべきだよ！

読んでいたからとか、ほしいと言ったからとか、状況だけで決めつけるのはよくないと思いました。本当に犯人なのか、もっときちんと調べていれば、しょうたくんを傷つけることもなかったのに…。

生徒B

一度、疑いだすと全部あやしく思えるよね

一度疑ってしまうと、全部があやしく思えるのはわかります。だから、疑う前にきちんと証拠を探す必要があると思います。ぼくもよく、なくし物をお母さんのせいにして怒られるから…。

池上先生のまとめ

人を疑うときには、事実かどうか慎重に考えなければなりません。それは裁判でも同じです。慎重に判断するために、日本では3回まで裁判を受けることができる制度があります。これを三審制といいます。

| 解説編 |

慎重に裁くためのしくみって？

判決に納得できない場合、3回まで裁判を受けられるしくみを「三審制」といいます。

三審制ってどんな制度？

第一審（一回目の裁判）の判決に納得できなかった場合、一つ上の裁判所に裁判のやり直し（上訴）を求めることができます。第二審（二回目の裁判）にも納得できなかった場合、さらに上の裁判所にも裁判のやり直しを求めることができます。この制度を**三審制**といいます。

なぜ三審制が行われているの？ 考えるポイント

罪をおかしていない人を有罪にしてしまうなど、まちがった裁判は、その人を深く傷つけ、人生を台無しにしてしまいます。このようなことを防ぐには、**裁判を慎重に、そして公平に行わなければなりません。**そのためにつくられたしくみが、三審制です。

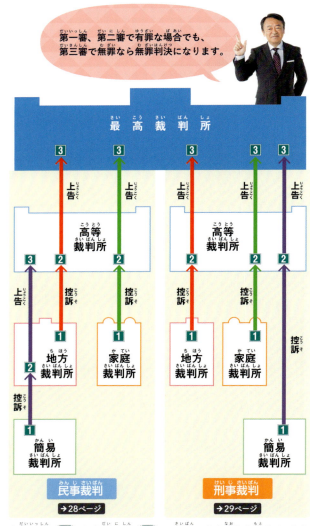

三審制のしくみ

第一審、第二審で有罪な場合でも、第三審で無罪なら無罪判決になります。

▲第一審（1）から第二審（2）に裁判のやり直しを求めることを「控訴」、さらにもう一つ上の裁判所（3）にやり直しを求めることを「上告」といいます。

（読売新聞／アフロ）

◀日本にある法廷で最も大きい、最高裁判所の大法廷。このほか、小法廷が3室あります。

くわしく ▶**小法廷**：大法廷より小規模で、5人の裁判官で構成される。

裁判所だけが持つ権力がある?

公正な裁判をするために、裁判所が持つ権力を司法権といいます。

裁判を行う権力が司法権

わたしたちが社会の一員として暮らしていくためには、きまりが必要です。日本には憲法や法律といったきまりがあり、これらを法といいます。

法によって権利を守ることができるとともに、争いやもめごとを解決することができます。法にもとづいて争いや犯罪を裁くことを司法といい、裁判所だけが司法(裁判)を行う権力(司法権)を持つのです。

公正に裁判をするための司法権の独立

裁判は、公正に行われるために、国会や内閣などの権力から独立していなければなりません。これを司法権の独立といいます。あらゆる権力に、裁判所や裁判官が口出しされたり命令されたりしてはならないのです。

裁判官は、憲法と法律、そして自分の良心にのみ従うこと、と憲法に定められています。

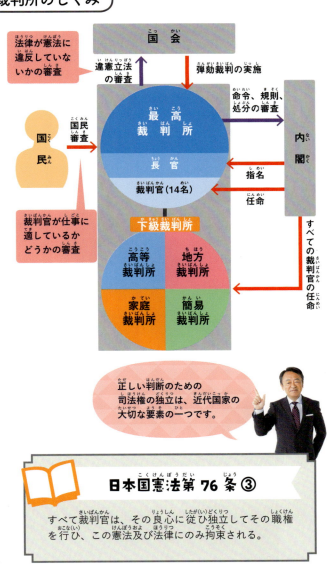

裁判所のしくみ

正しい判断のための司法権の独立は、近代国家の大切な要素の一つです。

日本国憲法第76条③

すべて裁判官は、その良心に従ひ独立してその職権を行ひ、この憲法及び法律にのみ拘束される。

MEMO 裁判官がやめさせられる場合

大きなけがや病気のとき、弾劾裁判→3巻や国民審査で、やめさせるべきという結果になったときに、裁判官はやめさせられます。それ以外は、裁判官は身分が保障されています。

▲衆議院議員の選挙のときに行われる、最高裁判所裁判官の国民審査の用紙。国民審査は、国民が裁判所の働きを監視する意味があります。

くわしく▶ 国民審査:最高裁判所の裁判官が適しているかどうかについて、国民が行う投票。不信任が過半数の場合はやめさせられる。

| 解説編 |

裁判はだれでも見られる

憲法では、裁判の公開が定められています。

傍聴で裁判の公正さをチェックする!?

裁判はだれでも見る（傍聴）ことができます。これは、裁判が公正中立に行われているかを、だれもがチェックできるようにするためです。

ただし、個人のプライバシーを守るため、基本的に家庭裁判所での裁判は公開されていません。

▲傍聴希望者が大勢来ると予想される事件の裁判のときは、整理券が配られ、抽選になることがあります。最近ではリストバンド式の整理券が増えています。

傍聴に関するQ&A

Q 裁判はいつ行われているの？

A 平日の午前10時ごろ～午後3時ごろが一般的です。

祝日をのぞいた、月曜から金曜までに行われていることが多いですが、裁判所や事件によって異なります。くわしい日時は各裁判所のホームページに公開されています。事前に調べてみるとよいでしょう。

Q お金はかかるの？

A かかりません。無料で傍聴できます。

お金はかかりませんし、年齢制限もありません。ただし、静かに傍聴する、許可なく撮影や録音をしないなどのきまりはあります。守れない場合は、退廷（部屋から出ること）を命じられます。

Q どんな服装で行けばいいの？

A ふつうの服装で大丈夫です。

特別な格好をする必要はありませんが、帽子やコートは脱ぎます。顔や頭をおおうヘルメットやはちまき、ゼッケン、たすきなどは禁止です。危険物や、カメラ、録音機能付きの携帯電話も持ち込めません。

くわしく　傍聴席でのメモ：以前はメモも禁じられていた。裁判が起こされ、1989年より認められた。

〈第3章〉民事裁判と刑事裁判

この章のポイント

裁判には、民事裁判と刑事裁判の2種類があります。それぞれどんな特徴があるのでしょう

| 導入編 |

自転車で歩行者と衝突！

自転車で夜道を走っていたら歩きスマホの女性と衝突！
女性のスマホが壊れてしまい…。

大丈夫ですか？
けがは？

| 実践編 |

自転車で歩行者と衝突！

論点

本当に訴えられたらどうしたらいいの？

ぼくだけのせいにされるのは、納得いかない

スマホを壊してしまったのは悪かったと思うけれど、ぼくばかり責められるのは納得いきません。向こうも歩きスマホをしていて、前を見ていなかったわけだし、ぼくが弁償するのはおかしいと思います。

少年

▲相手の女性も、スマホばかり見て、前を見ていませんでした。

歩行者は守られるべき。わたしは悪くないわ！

自転車で突然ぶつかってくるなんて、ありえません！歩道は歩行者のもの。向こうが悪いのだから、壊れたスマホも弁償してもらいます。弁償しないなら、弁護士に相談して訴えようと思います。

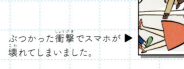
▶ ぶつかった衝撃でスマホが壊れてしまいました。

女性

1 裁判所
2 三審制
3 民事裁判・刑事裁判
4 裁判員制度
5 三権分立

スマホが壊れただけでよかった

歩行者A

少年も女性も、けががなくてよかったです。少年がスマホの全額を弁償する必要はないと思いますが、女性がもし、けがをしていたら、話はちがってくるかもしれませんね…。

話し合いで解決できないのかしら？

歩行者B

ヒントをさがそう！ ★1

個人同士のもめごとでも裁判にできるなんて、知りませんでした。ただ、弁護士に相談するのはお金も、時間も手間もかかるので、二人で話し合って解決するのがいいと思います。

少年は無点灯に歩道走行で二重の罪の可能性がある

弁護士A

少年は歩道を自転車で走ったうえに、夜道でライトをつけていなかったので、女性より罪は重いです。たとえ子どもでも、人に被害を与えれば、金銭の支払いを求められることはあります。

▶少年は無点灯のまま自転車で歩道を走っていました。

相手にも落ち度があるから、弁償しなくてもよい

弁護士B

ヒントをさがそう！ ★2

前を見て歩いていれば、女性は走ってくる自転車に気づいていたはず。ですので、少年はすべての責任を負う必要はありません。裁判になったとしても、和解にできるでしょう。

▶お互いに気づいていなかったため、衝突してしまいました。

池上先生のまとめ

今回のような個人同士のもめごとが起きたとき、訴えに応じて「民事裁判」が開かれます。一方、人を傷つけたり、人の物を盗んだりなどの犯罪行為について、有罪か無罪かを決めるのは「刑事裁判」です。

| 解説編 |

個人や企業が争う民事裁判

法にもとづいて、個人や企業の間に起きる争いを解決するのが民事裁判です。

民事裁判ってどんなもの？ ヒント1

民事裁判は、貸したお金を返してもらえない、自分の会社の商品とそっくりなものをつくって販売されたなど、**個人や企業の間の争いをあつかう裁判**です。裁判所は、法律にもとづいて、どちらの言い分が正しいかを判断します。民事裁判のうち、国や地方公共団体を相手に行うものを、特に**行政裁判**といいます。

どんなふうに行われるの？

どちらか一方が相手を裁判所に訴えることで、裁判が始まります。**訴えた方を原告、訴えられた方を被告**といいます。多くの場合、お互いに弁護士の助けを借りて、自分の意見を主張します。裁判官は、話し合いによる**和解**をすすめたり、法にもとづいた判決を下したりして、解決を目指します。

行政裁判（訴訟）

（読売新聞／アフロ）

▲予防接種によりB型肝炎ウイルスに感染した人たちが、国に対して賠償金を求め訴訟を起こしました。2006年、最高裁判所が国の責任を認め、全国各地で同様の訴訟が起こされています。

MEMO 和解　ヒント2

裁判の当事者が、互いに歩みよって争いをやめることを、和解といいます。民事裁判では、判決が出る前に、和解が成立することがよくあります。

民事裁判は争いの解決が目的なので、当事者が納得すれば裁判所の判決が出なくてもよいのです。

くわしく　民事調停：トラブルのとき裁判を起こすのではなく、裁判所での話し合いで解決を目指すこと。

犯罪行為を裁く刑事裁判

法律に違反した人たちを、どう罰するか決めるのが刑事裁判です。

刑事裁判ってどんなもの？

刑事裁判では、万引きなどの盗み、無理矢理お金などをうばう強盗、金品をだまし取る詐欺、人の身体を傷つける傷害、殺人、ゆうかい、違法な薬物の売買など、さまざまな犯罪をあつかいます。どんな犯罪がどんな罪に当たるかは、**刑法**という法律で定められています。刑事裁判では、この刑法にもとづいて判決を下します。

どんなふうに裁かれるの？

事件が起こると、まず警察が、**罪を犯したと思われる「被疑者」**をさがします。その後検察官が取り調べを行い、被疑者を犯人と判断すると、**被告人として裁判所に訴えます（起訴）**。被告人には、自分の力になってくれる弁護士（弁護人 →30ページ）がつきます。裁判官は、被告人が有罪か無罪かを決め、有罪のときは刑罰を言いわたしします。

▲刑事裁判（模擬裁判のようす）。①裁判長、②裁判官、③検察官、④被告人、⑤弁護人 →30ページ、⑥傍聴人。

刑罰の種類

生命刑	死刑	刑を受ける者の生命をうばう
自由刑	懲役	ある期間、刑務所で労働をする
	禁錮・拘留	ある期間、刑務所に入れられる
財産刑	罰金	金銭を国に納める（1万円以上）
	科料	金銭を国に納める（1万円未満）
執行猶予		有罪とされても、一定期間罪を犯さなければ、刑罰の言いわたしがなかったことになる

くわしく ▶ **少年事件**：20歳に満たない者の行為により起きた事件のこと。この場合、刑法ではなく少年法という法律で裁かれる。

| 解説編 |

裁判では人権が守られる

捜査や逮捕が行き過ぎにならないよう、人権を守るしくみが設けられています。

弁護人の支えで守られる人権

刑事裁判では被告人に、**弁護人（刑事裁判に参加する弁護士）の助けを求める権利**が認められています。経済的に弁護人をたのめないときは、国の費用で弁護人（**国選弁護人**）をたのむこともできます。

疑わしきは罰せず

被疑者や被告人が、疑わしいだけで犯罪を証明できないときは、判決は無罪になります。これを「**疑わしきは罰せず**」といい、刑事裁判ではこの原則が守られます。

また、たとえ無実でも、罪を犯したと無理に自白させられる場合もあります。まちがった自白で判決が出ないよう、**自白のみでは有罪にできない**ことになっています。

人権を守るために

令状主義
警察官は、現行犯以外は、裁判官の出す**逮捕令状・捜査令状**がないかぎり、逮捕・捜査はできません。

黙秘権の保障
被疑者や被告人は、取り調べや裁判で、自分に不利なことを言わなくてよい権利（**黙秘権**）を持っています。

拷問の禁止
罪を犯したと言わせるために暴力をふるうことを、「**拷問**」といいます。拷問は憲法で禁じられています。

考えてみよう！

死刑制度をどう思う？

死刑は、人の生命をうばう、もっとも重い刑罰です。日本では、死刑を刑罰の一つとする死刑制度がとられています。

一方、人が人を殺すことは、やはりゆるされるべきではないとして、死刑制度をやめる国も増えています。あなたはどう思いますか。

賛成
- 凶悪な犯罪は、死でつぐなうしかない
- 死刑制度は、凶悪な犯罪を防ぐ役割もある
- 凶悪な犯罪を犯す人は再び同じような犯罪を犯すかもしれない

反対
- 無実だった場合に取り返しがつかない
- 人が人を死に追いやるのは、どんな理由であってもよくない
- 生きて罪をつぐなったほうがよい

> **くわしく** ▶ **取り調べの可視化**：捜査が正しく行われたかをあとで確認するため、取り調べの録画・録音が行われ始めている。

〈第4章〉裁判員制度

この章のポイント

2009年から裁判員制度が始まりました。どんな目的の、どんな制度なのでしょう

| 導入編 |

お兄ちゃんが裁判員に!?

ある日、お兄ちゃんに裁判所から手紙が届きました。その手紙は「裁判員の候補」と書かれていて…。

| 実践編 |

お兄ちゃんが裁判員に!?

論点

裁判員なんてぼくにできるのかな？

とにかくたいへんそうで、自分にできるか不安

裁判って法律にもとづいて人を裁くことですよね。責任重大だ…。自分は知識も経験もありませんし、そんな責任の重いことができるのか心配です。

兄

▲兄のもとに、通知と調査票が届きました。

ヒントを さがそう！ 1

裁判に参加できるなんてすごい

裁判にお兄ちゃんが参加するなんてすごいと思います。どんな事件の裁判に関わるのか気になります。わたしも将来、裁判員になってみたいな。

◀お母さんといっしょに、裁判員の想像をふくらませていました。

妹

いい社会勉強になるわね

お母さん

　本物の裁判官と裁判に参加して、いろいろな意見やできごとを見聞きするのはとても勉強になると思います。息子にも良い経験をしてきてほしいです。

裁判官といっしょに法廷にならんで参加するようです。▶

大学の授業を休ませることになるのか… ヒントを2 さがそう！

お父さん

　本当に学生でも呼ばれるなんて驚きました。悪いことではないけれど、長期間かかるだろうし、授業も休ませなくてはならないのでしょうか？　試験や就職活動のときも裁判が優先になるのか確認したいです。

一般人が判決に関わるべきじゃないと思う

近所の人A

　裁判員は、人を殺したり、強盗をしてけがをさせてしまったり、すごく重い事件の裁判に関わると聞きました。軽い事件ならまだしも、そんな重大事件の判決に、一般人が口を出していいのか疑問です。

裁判になんて縁がないと思っていた

近所の人B

　事件を起こしたこともなく、だれかと争ったこともない自分には、裁判なんて縁のないことだと思っていました。もし裁判員になったら、事件の証拠や証言を冷静に見られるか、少し心配ですね。

池上先生のまとめ

裁判員制度は「一般の人」が裁判員として裁判に参加する制度です。国民の裁判に対する理解と信頼を深めるためにつくられました。みなさんも将来選ばれる可能性があるのですよ。

| 解説編 |

裁判員制度って何？

国民が裁判官とともに裁判に参加する制度です。どんな内容でしょう。

裁判に国民の感覚を取り入れる

裁判員制度は、国民の感覚を裁判に反映し、国民の裁判に対する理解と信頼を深めるために始まりました。裁判員は、満20歳以上の国民の中から、くじで選ばれます。重い病気や家族の介護などの特別な場合でない限り、辞退することができません。

裁判員はどんなことをするの？

裁判員制度で裁判員が参加するのは、強盗や傷害致死（死に至る傷害）などの重大な刑事事件の裁判です。裁判員6人と裁判官3人が、被告人の有罪・無罪を決め、有罪のときは、どのような刑にするか決めます。参加するのは、地方裁判所→13ページ の第一審→20ページ のみです。

裁判員裁判参加までの流れ

前年秋～11月ごろ	選挙人名簿からくじで裁判員候補者が選ばれ、名簿が作成されます。候補者には、通知と調査票が届きます。
裁判の6週間前まで	事件ごとに再度くじで裁判員候補者が選ばれ、裁判所に行く日時が書かれた呼出状と質問票が届きます。
裁判の当日	裁判所で、候補者の中から裁判員が選ばれます。裁判員6人が選出！

ヒント1: マンガの中のお兄ちゃんはこの段階！

裁判員になれない人	・禁錮以上の刑に処せられたことのある人 ・被告人や被害者の親族 ・国会議員、法律の専門家、自衛官など
辞退することができる人	・70歳以上の人、学生 ・過去5年以内に裁判員を務めた人 ・病気や育児、介護などで都合がつかない人

ヒント2: やむを得ない理由があれば、辞退を認めてもらえることもあります。

▲裁判員候補になった人は、裁判の1年ほど前に届く調査票を提出し、ここで裁判員になれない人が候補から外されます。その後、呼出状が届き、裁判当日にその場で裁判員6人が選ばれます。

裁判員に求められているのは専門的な知識ではなく、一般的な意見なのです。

▲裁判員裁判の法廷では3人の裁判官をはさんで、3人ずつ裁判員がならびます。まん中が責任者の裁判長です。

くわしく 司法制度改革：人々が利用しやすい裁判制度などを目指した改革。裁判員制度も、これにより始められた。

裁判員裁判を体験しよう

ある事件について、動物たちの裁判員裁判が始まりました。一緒に判決を考えてみましょう。

事件のあらまし

ある森に、毎日オオカミに追いかけられて泣いている子ブタがいました。子ブタは、このままでは食べられてしまうと感じ、ある日追われている途中に、オオカミを崖からつき落とします。これにより、オオカミは足の骨を折る大けがをしました。

1日目

※ 実際の裁判員裁判では、以下のような事件は対象になりません。

検察官と弁護人の主張

検察官は、子ブタをオオカミを殺そうとした罪で起訴。一方で弁護人は無罪を主張します。

検察官：オオカミが死ななかったのは奇跡的です。子ブタはオオカミを死なせようとした可能性が高く、罪は重いです。

弁護人：子ブタはとても怖い思いをしていたはず。死なせようとしたのではなく、自分を守るためにやったことです。

証拠調べ

証人A：オオカミが「食べてやる！」と言って子ブタを追うのを見ました。

証人B：子ブタは、冗談なのに本気で受け取ってしまうところがありました。

2日目

当事者への質問

裁判員A：オオカミを崖から落としたのはなぜですか？

被告人：このままでは、食べられてしまうと思ったからです。

裁判員B：子ブタを食べる気でしたか？

被害者：いいえ。怖がるのがおもしろかっただけです。

検察官と弁護人の最終的な意見

検察官：オオカミには子ブタを食べる気などありませんでした。子ブタは勝手な思い込みでオオカミを殺そうとした罰を受けるべきです。

弁護人：毎日オオカミに追われれば、危機感を持って当然です。自分の身を守るためにしたことなので、無罪を主張します。

判決への流れ

裁判員は、裁判官と話し合って有罪か無罪か、そして有罪の場合の刑罰を決めます。意見が一致しないときは、多数決となります。話し合いでの決定にもとづき、裁判長が判決を下します。

裁判長：みなさんはどう思いましたか？子ブタが有罪か無罪か、考えてみましょう。

あなたならどの仕事を選ぶ？

弁護士

刑事裁判では「弁護人」、民事裁判では「代理人」などと呼ばれます。
裁判において依頼人の人権を守る、法律の専門家です。

◀ ひまわりは正義と自由、中心の天秤は、公正と平等を表します。

弁護士のバッチ

裁判官

「判事」と呼ばれることもあり、憲法と法律と良心にもとづき、判決を下します。司法権の独立を保つため、身分が保障されています。

◀ 真実を映す「八咫の鏡」（三種の神器の一つ）と、「裁」の文字を表しています。

裁判官のバッチ

検察官

「検事」と呼ばれることもあります。刑事事件では、警察の捜査をもとに、調査や起訴を行います。

◀ 菊の花びらと朝日がデザインされています。刑罰の厳しさを表します。

検察官のバッチ

くわしく ▶ 法テラス：法律に関する総合案内所。司法制度改革の一つとして設立され、電話や窓口での相談を行っている。

海外 くらべてみよう

海外レポート
わたしの国の 裁判官

裁判官などが身にまとう法服は、国によって色も形もさまざまです。

イギリス

豪華な法服と、馬の毛でつくった白いかつらを身につけます。裁判所の威厳を保つための伝統です（一部の地域の裁判では廃止されています）。

カナダ

普段の裁判では黒い法服を着ますが、議会の開会式など特別なときには、最高裁判所の判事が写真のような服を身につけます。

中華人民共和国

黒いシャツに、赤と黄色のもようが目立つデザインです。赤は中国国旗をはじめ、中国でよく使われる色です。

日本

イタリア

市民の代表として裁判に参加する参審員（日本の裁判員のような役割の人々）は、イタリアの国旗と同じ3色のたすきをかけます。

大韓民国

絹でできた、エンジ色の法服です。中心を通る黒いたての線が目立つデザインは、信念の強さを表すものだといわれます。

ポーランド

黒い法服に、大きなえり飾りがついているのが特徴です。赤と白は、ポーランドの国旗に使われている色です。

〈第5章〉三権分立

この章のポイント

三権分立は、国民の権利と民主主義を守るための、国の大事なしくみです

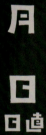

| 導入編 |

マンガが読めない国ができたって!?

あるところに三つ子の王が支配するG国がありました。
ある日、「マンガ禁止令」という法律がつくられてしまい…。

| 実践編 |

マンガが読めない国ができたって!?

論 点

どうしてこんなに勝手な政治ができちゃうの!?

長男　次男　三男

マンガでさみしい思いをしたから、この国からマンガをなくすんだ！

ぼくたちの大嫌いなマンガがこの国にあるなんて許せない！　三人で全部決めれば、どんな法律だってつくれる。国民はただそれに従っていればいいんだ。

▲三人の王子が王さまになり、国の権力を握ることになります。

逮捕された子ども

ぼくたちの権利はどうなるの!?
考えてみよう！ 1

ぼくのまわりには「マンガ禁止令」に賛成している人なんて、一人もいませんでした。いくら王さまだからって、ぼくたちのマンガを読む権利を奪うなんてひどすぎる…。

国民の意見を無視したままで法律がつくられてしまいました。▶

議員

わたしにもっと力があれば止められたのに
ヒントをさがそう！ 2

王さまたちが議会も内閣も支配している今は、わたしたち国会議員も無力です。何か、王さまの力をおさえる方法があればよいのですが…。

王さまの権力が強すぎて、議員たちは逆らえません。▶

マンガ禁止令をつくります

何ごともスムーズに決まっていいわね

国民

　王さま三人が、いつも意見を合わせて対立しないのはいいことだと思います。「マンガ禁止令」は困るけれど、本当に今すぐつくってほしい法律があるときは助かります。

王さまたちの決めたことだからしかたない

刑事

　どんなおかしな法律でも、決まってしまったら仕方ありません。わたしたち警察は法にもとづいて、法を犯した人たちを捕まえるのが仕事ですから。

「マンガ禁止令」にもとづいて、刑事は逮捕します。▶

国家の権力

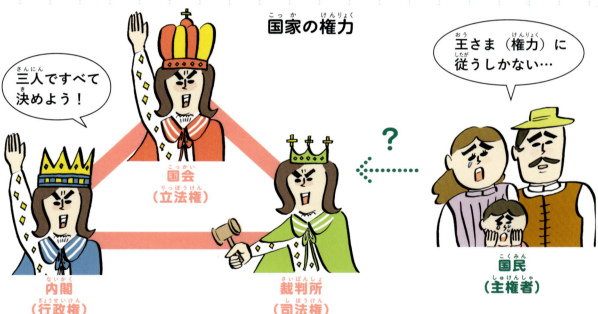

三人ですべて決めよう！
国会（立法権）
内閣（行政権）
裁判所（司法権）
王さま（権力）に従うしかない…
国民（主権者）

池上先生のまとめ

「法律をつくる人」「政治を行う人」「事件や争いを裁く人」が強く結びつき過ぎると、身勝手な政治が行われ、わたしたちの自由と権利が奪われてしまう危険があります。それを防ぐしくみが「三権分立」です。

| 解説編 |

三権分立ってどんなしくみ？

三権分立は、国民にとってどのような利点があるしくみなのでしょう。

権力が集中するとどうなるの？

考えるポイント 1

16～18世紀にかけてのヨーロッパは、国王に権力が集中した時代でした。このころ、王の権力は神からさずけられていて、王に逆らうことは許されないと考えられていました。そのため、国王や貴族はぜいたくに暮らし、国民は重い税金をかけられ、食べるものにも困るほどでした。

MEMO ヒトラーが行った独裁政治

80年ほど前、ドイツなどでは国のすべての権力をにぎった一人の人間による政治が行われていました。このような政治を独裁政治といいます。当時のドイツでは、政権をにぎったヒトラーが正しいとされ、とても身勝手な政治が行われました。その結果、ユダヤ人がひどい差別を受け、たくさんの犠牲者が出ました。国の権力が一つに集中すると、このような独裁者が現れる危険があるのです。

（Mary Evans Picture Library／アフロ）

モンテスキュー
1689～1755年。フランスの思想家。1748年に出版した『法の精神』の中で、国家権力が人権をないがしろにしないように、三権分立の重要性を説きました。

権力を分けて、互いにおさえ合うしくみ

ヒント 2

18世紀の中ごろ、国の権力を三つに分けて独立させる、「三権分立（権力分立）」という考えが生まれました。法律をつくる力、政治を行う力、裁判を行う力は、それぞれが力をおさえ合っています。そのため、一つの権力だけが強くなることなく、国民の自由や権利が守られるのです。

日本の三権分立

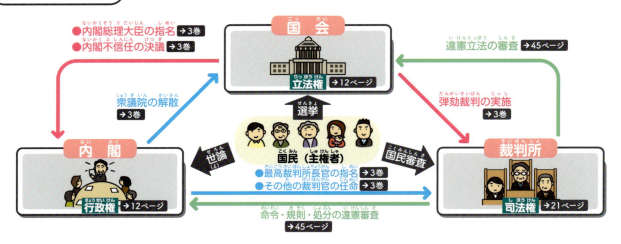

くわしく　**大統領制**：アメリカでは大統領と議会の結びつきが弱いため、より厳しく権力が分立しています。

裁判所の違憲審査権って何?

裁判所が法律や規則が憲法に反していないかを審査する力のことです。

憲法違反していないかを審査する

国会で定められた法律や、内閣が定める規則や命令の内容が憲法に違反している（違憲）と、国民の権利や自由が奪われる可能性があります。そこで、裁判所は、これらの法が憲法に違反していないかどうかを審査する権力を持っています。これを違憲審査権（違憲立法審査権）といいます。

> **MEMO 最高裁判所は"憲法の番人"**
> 最高裁判所は、法律が、憲法に違反していないかどうかを、最終的に判断する権力を持っています。そのため、"憲法の番人"と呼ばれています。

子どもに日本の国籍を…!

国籍法では、日本人と外国人の間の子どもは、両親が結婚していないと、日本の国籍を持てないことになっていました。この法律は、憲法第14条で定める「だれもが平等にあつかわれる権利」に違反しているという判決が、2008年に裁判所から下されました。

国民も三権を監視する!

国会を監視

政策に不満を持ったときは、選挙によって、議員を選び直すことができます。

内閣を監視

世論で批判することで、政治を動かす大きな力となります。

裁判所を監視

国民審査により、不適切な裁判官をやめさせることができます。

国民審査は法を監視する裁判所を、国民が監視するしくみです。

くわしく ▶ 世論：世間の大多数の人の意見。

さくいん

あ
違憲（立法）審査権 …… 45
違憲立法の審査 …… 21

か
下級裁判所 …… 13
家庭裁判所 …… 13
簡易裁判所 …… 13
起訴 …… 29
行政裁判 …… 28
刑事裁判 …… 29
刑罰 …… 29
刑法 …… 29
原告 …… 28
検察官 …… 12, 14, 29, 37
憲法の番人 …… 45
高等裁判所 …… 13
拷問 …… 30
国選弁護人 …… 30
国民審査 …… 21, 45

さ
最高裁判所 …… 13, 45
裁判 …… 12
裁判員 …… 35, 36
裁判員制度 …… 35, 36
裁判官 …… 12, 14, 29, 37, 38
三権分立 …… 43, 44
三審制 …… 13, 20
死刑制度 …… 30
司法 …… 12
司法権 …… 21, 44
司法権の独立 …… 21
司法制度改革 …… 36
終審裁判所 …… 13
少年事件 …… 29
小法廷 …… 20
世論 …… 45
訴訟 …… 28

た
大統領制 …… 44
大法廷 …… 13, 20
弾劾裁判 …… 21
地方裁判所 …… 13

な
日本国憲法第76条 …… 21

は
判事 …… 37, 38
被疑者 …… 29
被告 …… 28
被告人 …… 29
弁護士 …… 12, 14, 28, 29, 37
弁護人 …… 29, 30, 37
傍聴 …… 12, 22
法廷 …… 12
法テラス …… 37
法服 …… 12, 38

ま
民事裁判 …… 28
民事調停 …… 28
黙秘権 …… 30

モンテスキュー …… 44

ら
令状主義 …… 30

わ
和解 …… 28

教科書対応表（中学）

この表は、本書で扱っている内容が、
あなたの教科書の主にどのページにのっているのかを示しています。
もっと学びたいと思うテーマに出会ったら、教科書を読んで学びを深めましょう。

巻	本書のページ	章のテーマ	教科書対応のページ					
			東京書籍	帝国書院	教育出版	日本文教出版	清水書院	育鵬社
1	7	日本国憲法	38	36	38	38	30	49
	15	基本的人権	44	42	42	44	34	54
	23	グローバル社会	49	46	49	53	43	68
	31	新しい人権	60	52	56	58	54	76
	39	性の多様性	—	—	—	—	—	—
2	7	選挙	76	68	76	78	64	90
	15	投票	77	68	77	78	64	90
	23	選挙の課題	78	69	77	79	65	91
	31	民主政治	74	60	74	77	60	86
	39	メディアリテラシー	82	62	80	82	62	92
3	7	政党	80	66	78	80	66	88
	15	国会と国会議員	84	70	82	96	74	96
	23	国会の仕事	86	72	83	98	72	98
	31	内閣	88	74	88	100	76	100
	39	地方自治	102	88	106	86	86	112
4	7	裁判所	92	78	94	106	80	104
	15	三審制	93	79	98	106	82	106
	23	刑事裁判・民事裁判	94	78	94	108	80	106
	31	裁判員制度	96	81	100	110	81	108
	39	三権分立	100	84	104	114	70	96
5	7	社会保障制度	150	156	160	164	140	162
	15	少子高齢化	152	157	162	166	141	164
	23	税金	146	148	146	160	134	158
	31	非正規雇用	134	130	157	145	144	142
	39	消費者の権利	122	116	122	124	150	130

NDC 310

12歳からの政治

 いちばん身近な
裁判の話

学研プラス　2017　48P　28.6cm
ISBN978-4-05-501232-4 C8331

池上彰さんと学ぶ 12歳からの政治
4　いちばん身近な裁判の話

2017年2月28日　第1刷発行
2020年7月29日　第5刷発行

監修	池上 彰	ブックデザイン	TRUNK（笹目亮太郎、助川智美）
発行人	土屋 徹	マンガ・イラスト	あべさん、高品吹夕子
編集人	代田雪絵	図版	木村図芸社
編集担当	小野優美	原稿執筆	入澤宣幸、伊藤 睦
発行所	株式会社学研プラス	DTP	株式会社四国写研
	〒141-8415　東京都品川区西五反田2-11-8	編集協力	株式会社スリーシーズン（土屋まり子、藤門杏子）
印刷所	大日本印刷株式会社、トッパンコンテナー株式会社	撮影	布川航太
		写真協力	アフロ、朝日新聞社、最高裁判所

● この本に関する各種お問い合わせ先
本の内容については、下記サイトのお問い合わせフォームよりお願いします。
https://gakken-plus.co.jp/contact/
在庫については　Tel 03-6431-1198（販売部直通）
不良品（落丁、乱丁）については　Tel 0570-000577
　　学研業務センター　〒354-0045 埼玉県入間郡三芳町上富279-1
上記以外のお問い合わせは Tel 0570-056-710（学研グループ総合案内）

©Gakken
本書の無断転載、複製、複写（コピー）、翻訳を禁じます。
本書を代行業者などの第三者に依頼してスキャンやデジタル化することは、たとえ個人
や家庭内の利用であっても、著作権法上、認められておりません。

学研の書籍・雑誌についての新刊情報・詳細情報は、下記をご覧ください。
学研出版サイト　https://hon.gakken.jp/

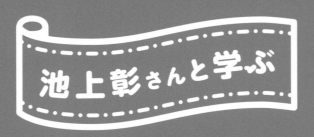

池上彰さんと学ぶ 12歳からの政治

〈全5巻〉

① いちばん身近な憲法・人権の話

② いちばん身近な選挙の話

③ いちばん身近な国会・内閣の話

④ いちばん身近な裁判の話

⑤ いちばん身近な社会保障の話